ΠΛΑΙΣΙΟ MCKINSEY 7S

Αύξηση των επιχειρηματικών επιδόσεων, προετοιμασία για αλλαγές και εφαρμογή αποτελεσματικών στρατηγικών

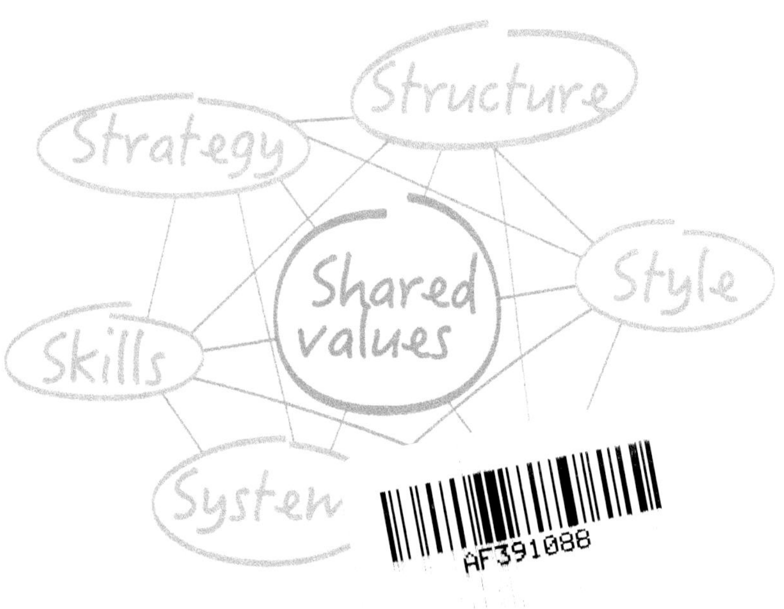

ΠΛΑΙΣΙΟ MCKINSEY 7S

Αύξηση των επιχειρηματικών επιδόσεων, προετοιμασία για αλλαγές και εφαρμογή αποτελεσματικών στρατηγικών

γραμμένο από Anastasia Samygin-Cherkaoui
μεταφρασμένο από Lina Sideris

ΠΛΑΙΣΙΟ MCKINSEY 7S

ΒΑΣΙΚΕΣ ΠΛΗΡΟΦΟΡΙΕΣ

- **Ονόματα:** 7S, 7-S Framework, το McKinsey 7S Framework.

- **Χρήσεις:** διαχείριση μεσαίων και μεγάλων οργανισμών, προσαρμογή στην αλλαγή.

- **Γιατί είναι επιτυχημένη;** Είναι εύκολο να αναπαρασταθεί οπτικά και πολύ εφαρμόσιμο.

- **Λέξεις κλειδιά:** οργάνωση, μοντέλο, διαχείριση, αλλαγή.

ΕΙΣΑΓΩΓΗ

Ιστορία

Το πλαίσιο 7S της McKinsey χρονολογείται από τη δεκαετία του 1980 και παρουσιάστηκε για πρώτη φορά σε ένα άρθρο που συνέγραψαν οι Robert Waterman, Thomas Peters και Julien Philips με τίτλο *Structure is not Organization* (1980). Εμφανίστηκε σε μια εποχή όπου η στρατηγική και η οργάνωση μιας επιχείρησης ήταν το κύριο μέλημα. Στην πραγματικότητα, περιλαμβάνει την επανεξέταση ολόκληρης της οργάνωσης μιας επιχείρησης και όχι απλώς την αναδιάταξη των πρακτικών που χρησιμοποιούνται.

Σήμερα, αυτές οι γραφικές παραστάσεις και τα διαγράμματα – διαγράμματα ροής, διαδικασίας κ.λπ. – είναι ευρέως διαδεδομένα στο οικονομικό περιβάλλον, αλλά εκείνη την εποχή, ήταν μια ιδιοφυής κίνηση για δύο λόγους:

- πρώτον, η αναπαράσταση του μοντέλου με τη μορφή ατόμου ήταν εκπληκτικά πρωτότυπη,

- δεύτερον, η επανάληψη του ίδιου αρχικού γράμματος "S" για κάθε ένα από τα στοιχεία δημιουργεί ένα εφέ αλληγορίας.

Και τα δύο αυτά χαρακτηριστικά διευκολύνουν την απομνημόνευση της έννοιας και την οπτικοποίηση της δομής των επτά στοιχείων της. Τελικά, συμβάλλουν στη φήμη και τη μακροζωία της.

Ορισμός της έννοιας

Το πλαίσιο McKinsey 7S, το οποίο αναπτύχθηκε από την εταιρεία συμβούλων McKinsey, είναι ένα εργαλείο οργανωτικής διάγνωσης, το οποίο παρουσιάζεται σχηματικά με τη μορφή ατόμου. Η ονομασία της έννοιας υπογραμμίζει, χρησιμοποιώντας μια απλή μνημονική συσκευή, τόσο τον αριθμό των στοιχείων του πλαισίου όσο και τα συστατικά του, τα οποία αρχίζουν όλα με το γράμμα "s".

 **ΚΑΛΟ ΕΙΝΑΙ ΝΑ ΓΝΩΡΙΖΕΤΕ**

Η McKinsey, που ιδρύθηκε το 1926, είναι μια εταιρεία συμβούλων στρατηγικής που παρουσιάζεται ως υψηλού επιπέδου, καθώς απευθύνεται κυρίως σε διεθνώς δραστηριοποιούμενες εταιρείες, στην ηγεσία των οποίων δεν είναι σπάνιο να συναντά κανείς πρώην υπαλλήλους της McKinsey.

ΘΕΩΡΙΑ

Ένα σημαντικό μέρος της επιτυχίας του πλαισίου 7S της McKinsey έγκειται στην απεικόνιση του μοντέλου σε σχήμα ατόμου: η εικόνα αυτή είναι δυναμική και δείχνει την απλή και σχεδόν προφανή διασύνδεση μεταξύ των στοιχείων που το αποτελούν. Χωρίς να τα απορρίπτει, απομακρύνεται δραματικά από τα διαγράμματα σε σχήμα αλυσίδας, τα οποία παρουσιάζουν τον καταμερισμό των εργασιών και την αύξηση της παραγωγικότητας με βάση την ταχύτητα, και από τα παραδοσιακά διαγράμματα ροής σε σχήμα πυραμίδας, έστω και αν αυτά πλέον ενσωματώνουν όλο και περισσότερο τις ροές πληροφοριών.

Από τη δεκαετία του 1930, μελέτες έχουν αναδείξει τη σημασία των ανθρώπινων σχέσεων. Οδηγούν στο αναπόφευκτο συμπέρασμα ότι είναι λάθος να πιστεύουμε σε απλά επαγγελματικές σχέσεις. Στην πραγματικότητα, μεταξύ εργαζομένων ή ομάδων εργαζομένων αναπτύσσονται σχέσεις και συμφέροντα που υπερβαίνουν το θεωρητικό πλαίσιο της οργανωτικής δομής. Οι σχέσεις αυτές μπορεί σίγουρα να είναι φιλικές, αλλά συχνά και με επιρροή. Με άλλα λόγια, εξαρτώνται από την ικανότητα ενός ατόμου να αλλάξει τη συμπεριφορά ενός άλλου, εν γνώσει του ή όχι, ώστε να προωθήσει τους στόχους ή τις αξίες του. Απρόβλεπτες για τους διευθυντές, οι σχέσεις αυτές είναι εξαιρετικά σημαντικές, καθώς είναι σε θέση να αλλάξουν τον οργανισμό στο σύνολό του. Ο καθένας από εμάς μπορεί να το επιβεβαιώσει αυτό, ανακαλώντας στη μνήμη του καταστάσεις όπου άτομα μέσα σε μια ομάδα άλλαξαν τη συμπεριφορά τους, η οποία στη συνέχεια τροποποίησε τα αποτελέσματα όλων. Πάρτε το παράδειγμα του αθλητισμού, όπου η αλλαγή προπονητή μπορεί να οδηγήσει σε διαφορετικά αποτελέσματα, παρόλο που η ομάδα παραμένει η ίδια και κάθε μέλος διατηρεί τη λειτουργία του.

Ομοίως, οι εταιρείες αλλάζουν και, ως εκ τούτου, οι ανάγκες τους αλλάζουν. Βέβαια, τα βασικά παραμένουν τα ίδια: εξακολουθούν να υπάρχουν οικογενειακές επιχειρήσεις, επιχειρήσεις με ιδιαίτερα τυποποιημένα καθήκοντα, επιχειρήσεις που βασίζονται στις ικανότητες (όπου το κεφαλαιακό κέρδος επιτυγχάνεται, για παράδειγμα, με πνευματικές υπηρεσίες) και επιχειρήσεις προσανατολισμένες στα αποτελέσματα. Η αλλαγή που συντελείται είναι το αποτέλεσμα ενός συνδυασμού προϋπαρχόντων μοντέλων και εμφανίζεται μέσω ολοένα και πιο υβριδικών δομών. Επιπλέον, τις περισσότερες φορές, η διεθνοποίηση και η παγκοσμιοποίηση βρίσκονται σε άνοδο. Ένα σούπερ μάρκετ, για παράδειγμα, λειτουργεί με κάποια αυτονομία (κάθε στοιχείο της δομής είναι μια δομή από μόνο του), αλλά αποτελεί μέρος ενός πολύ μεγαλύτερου οργανισμού (ενός εθνικού ομίλου στο παράδειγμά μας) που το περιέχει, και μερικές φορές περιλαμβάνεται επίσης σε μια ακόμη μεγαλύτερη δομή (σε διεθνές επίπεδο).

Σε αυτό το πλαίσιο εμφανίζεται το μοντέλο 7S:

Στην πράξη, η αναπαράσταση αυτή δίνει έμφαση στην αλληλεπίδραση μεταξύ των διαφόρων συστατικών στοιχείων, καθένα από τα οποία συνδέεται με τα άλλα, αλλά με έναν κεντρικό πυρήνα. Αυτός ο πυρήνας αξίζει κάποια προσοχή για μια στιγμή. Αρχικά, ο εσωτερικός κύκλος αντιπροσώπευε τους "έκτακτους στόχους". Ο Tony Athos (1934-2002), καθηγητής στο Harvard Business School και στενός φίλος του Robert

Waterman (συνιδρυτή του μοντέλου), είχε την ιδέα να αλλάξει αυτούς τους στόχους σε "κοινές αξίες". Η συμβολή αυτή δεν ήταν ασήμαντη: άλλαξε τη φιλοσοφία του μοντέλου αντικαθιστώντας τα μελλοντικά στοιχεία (στόχοι) με στέρεες βάσεις (αξίες).

Οι επτά όροι ήταν αποτέλεσμα εκτεταμένου προβληματισμού και συζήτησης και προφανώς δεν επιλέχθηκαν τυχαία.

ΣΤΡΑΤΗΓΙΚΗ

Η στρατηγική καθορίζει τα μέσα που θα αναπτυχθούν. Στην περίπτωση αυτή, ο καθορισμός της πρέπει να προηγείται όλων των άλλων στοιχείων. Αποτελεί μια μορφή αντίδρασης μιας επιχείρησης στο περιβάλλον της: πρέπει να μειώσει το κόστος, να παράγει σε μεγάλες ποσότητες ή να στοχεύσει το κοινό της; Να επεκτείνει τις δραστηριότητές της ή να εξειδικευτεί; Είναι επιθετική απέναντι στους ανταγωνιστές της ή προσπαθεί να διαφοροποιηθεί;

Βλέπουμε ότι η στρατηγική είναι τόσο κρίσιμη όσο και δυνητικά δύσκολη, καθώς είναι αποτέλεσμα της αλληλεπίδρασης μεταξύ της επιχείρησης και του περιβάλλοντός της. Ωστόσο, δεν χρειάζεται να βιαζόμαστε, καθώς η στρατηγική καθοδηγεί τις επιλογές, ιδίως όσον αφορά τις επενδύσεις, την τοποθέτηση προϊόντων ή τη γεωγραφική θέση. Ως εκ τούτου, δεν μπορεί να αλλάξει ξαφνικά.

Υπάρχουν τρεις τύποι στρατηγικής:

- ηγεσία κόστους

- διαφοροποίηση (αξία)

- εστίαση (θέση).

Μια ανεπαρκώς ή κακώς καθορισμένη στρατηγική μπορεί να οδηγήσει σε δύσκολες επιλογές, αδικαιολόγητες επενδύσεις, έμφαση σε ορισμένες δεξιότητες εις βάρος άλλων κ.λπ. Αυτό μπορεί να προκαλέσει κάποια έλλειψη ενότητας: η επιχείρηση δεν έχει τότε εξειδίκευση ή ιδιαίτερο σημείο διαφοροποίησης. Αντίθετα, μια σαφής στρατηγική οδηγεί σε επενδύσεις και αποφάσεις που κινούνται προς μια συγκεκριμένη κατεύθυνση. Εάν η στρατηγική είναι σχετική, η αποστολή ήταν επιτυχής. Διαφορετικά, είναι πιθανό η εταιρεία να δυσκολευτεί να μεταρρυθμιστεί.

Για να το καταδείξουμε αυτό, θα επιστρέψουμε στο παράδειγμα των σούπερ μάρκετ: ορισμένες μάρκες διακρίνονται για τις χαμηλές τιμές τους, ενώ άλλες είναι γνωστές για την ποιότητα και την πρωτοτυπία των προϊόντων τους. Άλλες δεν έχουν ιδιαίτερα διακριτικά χαρακτηριστικά. Το ίδιο σκεπτικό μπορεί να εφαρμοστεί στους υπολογιστές ή τα τηλέφωνα: ορισμένες μάρκες προσπαθούν να διαφοροποιηθούν, είτε μέσω του στυλ τους είτε μέσω των δικών τους μοναδικών τεχνικών προδιαγραφών. Έτσι, εξειδικεύονται και απευθύνονται σε έναν συγκεκριμένο τύπο χρηστών. Άλλες ανταγωνίζονται διάφορους παράγοντες που είναι καθιερωμένοι στην αγορά και πρέπει να ξεχωρίσουν παίζοντας με παράγοντες (ενδεχομένως συνδυασμένους) όπως η τιμή ή τα αξεσουάρ— εφαρμογές ή άλλα υλικά ή άυλα πρόσθετα, τα οποία δίνουν την εντύπωση ότι ανήκουν σε μια κοινότητα χρηστών (εξ ου και η ανάπτυξη ρόλων όπως ο διαχειριστής κοινότητας). Ωστόσο, μπορούμε να πιστέψουμε ότι, ακόμη και αν απευθύνονται σε ένα δυνητικά μεγαλύτερο κοινό, διατηρούν λιγότερους πελάτες.

ΔΟΜΗ

Όταν γίνονται εξελίξεις και αλλαγές στα επιχειρηματικά μοντέλα, αλλάζει ο ίδιος ο ορισμός της δομής. Επιπλέον, οι εργαζόμενοι πρέπει να εκπαιδεύονται έτσι ώστε να αντιλαμβάνονται τη συνολική στρατηγική της επιχείρησης και να αποφασίζουν οι ίδιοι πώς θα ενταχθούν στη δομή, δηλαδή πώς και με ποιους θα συνεργαστούν.

Επί του παρόντος, η αποκέντρωση γίνεται όλο και πιο διαδεδομένη στον τομέα της βιομηχανίας. Οι διαχωρισμοί ανά λειτουργία και ανά προϊόν έχουν ουσιαστικά αντικατασταθεί από άλλες πιθανές τμηματοποιήσεις που χρησιμοποιούν κριτήρια όπως χώρες, περιφέρειες, αγορές, πληθυσμοί, τύποι προϊόντων κ.λπ. Επιπλέον, οι διαιρέσεις δεν είναι απαραίτητο να αλληλοαποκλείονται (για να πάρουμε το παράδειγμα των σούπερ μάρκετ: μια μάρκα μπορεί να δημιουργήσει μια γεωγραφική διαίρεση με υποδιαιρέσεις ανάλογα με το προϊόν εντός κάθε οντότητας).

Δεδομένης αυτής της κατάστασης, είναι ακόμη πιο σημαντικό για την εταιρεία να συγκεντρώσει τις επιλογές της, αν και γενικά η στρατηγική θα είναι μοναδική για κάθε τμήμα. Αυτό της δίνει τη δυνατότητα να ενεργεί σε παγκόσμιο επίπεδο, αφήνοντας στις οντότητες άλλων επιπέδων να αναπτύσσονται στο δικό τους έδαφος. Μπορούμε να την ονομάσουμε προσωρινή δομή, που παρουσιάζει σχετική ευελιξία, καθώς είναι περισσότερο πολιτική ή ενδεχομενική, δηλαδή προσαρμόζεται στο περιβάλλον της.

Σύμφωνα με τον δομισμό, οι κοινωνικές σχέσεις οργανώνονται σε κοινωνικές κατασκευές, χωρίς οι εμπλεκόμενοι να το συνειδητοποιούν. Στις ανθρωπιστικές επιστήμες, η έννοια της δομής εμφανίστηκε στη Γαλλία τη δεκαετία του 1950. Περιλαμβάνει, για τους δομιστές στοχαστές -δηλαδή τους Émile Benveniste (1902-1976), Clause Lévi-Strauss (1908-2009), Roland Barthes (1915-1980) και Laurice Godelier (γεννηθείσα το 1934)- την ανάδειξη της οργάνωσης στην οποία κυριαρχεί η σχέση.

Στη βιολογία, μία από τις ιδιαιτερότητες της δομής είναι ότι αυτορυθμίζεται.

Ομοίως, η δομή προσαρμόζεται στα γεγονότα που συναντά. Η πτυχή της σχέσης είναι κυρίαρχη. Ενώ η έννοια του "συστήματος" προέβλεπε τα προϋπάρχοντα στοιχεία μεταξύ των οποίων δημιουργήθηκαν διάφορες σχέσεις, ο δομισμός πηγαίνει κατά κάποιον τρόπο ένα βήμα παραπέρα: εδώ οι κοινωνικές κατασκευές είναι το αποτέλεσμα ενός συνόλου αφηρημένων κανόνων και η προέλευση της δομής συγχωνεύεται με τη λειτουργία της, έτσι ώστε κάθε διαταραχή να προκαλεί αυθόρμητη προσαρμογή.

ΣΥΣΤΗΜΑΤΑ

Η έννοια αυτή αναφέρεται στις διαδικασίες και τις λειτουργίες που συνθέτουν την καθημερινή ζωή μιας επιχείρησης. Κατά μία έννοια περιλαμβάνει την παρακολούθηση ή την παρακολούθηση: των συστημάτων προϋπολογισμού, την παρακολούθηση της συμμόρφωσης με τις εσωτερικές διαδικασίες, τη νομική επιτήρηση κ.λπ. Μια στρατηγική που δεν λαμβάνει υπόψη της αυτές τις διαδικασίες είναι καταδικασμένη σε αποτυχία, ανεξάρτητα από τη σημασία της, καθώς αγνοεί την πραγματική λειτουργία της επιχείρησης. Επίσης, εάν αποφασίσετε να αλλάξετε τη λειτουργία μιας επιχείρησης ή απλώς να την αναλύσετε, μην αμελείτε τις διαδικασίες και την παρακολούθηση ορισμένων πτυχών.

ΠΡΟΣΩΠΙΚΟ

Η έννοια του προσωπικού αναφέρεται στην ομάδα, με την ευρεία έννοια: στην πραγματικότητα περιλαμβάνει τις δεξιότητες, τις γνώσεις, τα προγράμματα κατάρτισης, τα κίνητρα, τη συμπεριφορά, τους μισθούς, την ιεραρχία, την αξιολόγηση και την προαγωγή των ατόμων. Στην πραγματικότητα, αναφέρεται στη διαχείριση του ανθρώπινου δυναμικού στο σύνολό του.

ΣΤΥΛ

Το χαρακτηριστικό αυτό, όπως και αυτό του προσωπικού, βασίζεται στη διάκριση των επιπέδων, δεδομένου ότι σημαίνει την ανάδειξη της συμπεριφοράς των ανώτερων στελεχών. Αυτή η διαφοροποίηση μεταξύ διευθυντών και προσωπικού μπορεί να είναι λυπηρή, καθώς τους διαχωρίζει, αν και είναι απαραίτητο να αναγνωριστεί ο πιθανός αντίκτυπος της αλλαγής ηγέτη σε μια ομάδα. Ορισμένοι θα αντιτείνουν ότι η σημασία του στυλ δεν προέρχεται μόνο από τους ηγέτες. Υπάρχουν αρκετά παραδείγματα που το δείχνουν αυτό: σε μια αθλητική ομάδα, ένας παίκτης μπορεί να έχει ισχυρότερη προσωπικότητα ή σαφέστερο στυλ από τον προπονητή.

Ομοίως και στον κινηματογράφο, ένας δευτερεύων ρόλος μπορεί να έχει μεγαλύτερη επίδραση από έναν πρωταγωνιστικό ρόλο. Αλλά δεν χρησιμοποιεί ένας σκηνοθέτης την τεχνογνωσία του για να αφήσει αυτούς τους χαρακτήρες να εκφραστούν; Και τι γίνεται με τα παιχνίδια εξουσίας στον κόσμο της πολιτικής;

 **ΚΑΛΟ ΕΙΝΑΙ ΝΑ ΓΝΩΡΙΖΕΤΕ: ΑΝΩΤΑΤΗ ΔΙΟΙΚΗΣΗ ΚΑΙ ΑΝΩΤΑΤΑ ΣΤΕΛΕΧΗ**

Η ανώτατη διοίκηση αναφέρεται στο υψηλότερο επίπεδο των εκτελεστικών λειτουργιών μιας ιδιωτικής ή δημόσιας επιχείρησης. Τα κορυφαία στελέχη είναι συχνά ισχυρές προσωπικότητες, ικανές να ενώνουν τις ομάδες τους και να μοιράζονται το όραμά τους για το μέλλον και τα μέσα για την επίτευξη αυτών των στόχων. Εάν λαμβάνουν αποφάσεις σχετικά με τη στρατηγική και τους επιχειρηματικούς στόχους, πρέπει (θεωρητικά) να αναλάβουν και την ευθύνη γι' αυτές: είναι οι μόνοι υπεύθυνοι για την επιτυχία ή την αποτυχία των πολιτικών τους.

ΔΕΞΙΟΤΗΤΕΣ

Ο όρος "δεξιότητες" μπορεί επίσης να αναφέρεται στη γνώση, διότι περιλαμβάνει την τεχνογνωσία και τις διαπροσωπικές δεξιότητες. Και πάλι, η έννοια είναι παρόμοια με εκείνη του προσωπικού και της στρατηγικής, αλλά όχι εντελώς.

Οι δεξιότητες περιλαμβάνουν:

- τις ιδιαιτερότητες της εταιρείας ή του εμπορικού σήματος (τα στοιχεία που διαφοροποιούν ή προορίζονται να διαφοροποιήσουν την εταιρεία από τους ανταγωνιστές της),

- δεξιότητες του προσωπικού: η εταιρεία αναζητά εργαζόμενους με συμπεριφορές και δεξιότητες που θα μπορούσαν να μεταφέρουν και να ενισχύσουν τις αξίες της.

Επομένως, η έννοια αυτή περιλαμβάνει την ανάδειξη των δεσμών μεταξύ των ιδιοτήτων των εμπλεκόμενων ατόμων και των ιδιοτήτων της δομής στην οποία λειτουργούν και στην ανάπτυξη της οποίας συμβάλλουν.

ΚΟΙΝΕΣ ΑΞΙΕΣ

Οι κοινές αξίες βρίσκονται στον πυρήνα του μοντέλου. Μια από τις επικρίσεις που διατυπώνονται κατά του δομισμού επισημαίνει την αμέλεια απέναντι στους εργαζόμενους, οι οποίοι θεωρούνται κατά κάποιο τρόπο απλώς ως απρόβλεπτα της δομής. Ως απάντηση σε αυτό, αρκετοί κοινωνιολόγοι, με επικεφαλής τον Pierre Bourdieu (1930-2002), έθεσαν ως στόχο την αναβάθμιση της αξίας των εργαζομένων, όχι στο βαθμό που μπορούν να απελευθερωθούν από τις δομές, αλλά λαμβάνοντας υπόψη το εύρος της εμπειρίας και της απόδοσής τους ως αναπόσπαστο μέρος της πραγματικότητας της δομής.

Σίγουρα, δεν είναι όλοι αρκετά τυχεροί ώστε να έχουν τη δουλειά ή την κατάσταση της επιλογής τους. Ωστόσο, πρέπει να υπάρχει ένα ελάχιστο κοινό αξιών, είτε πρόκειται για την ποιότητα της υπηρεσίας ή του προϊόντος, είτε ακόμη και για τη δέσμευση της εταιρείας σε έναν συγκεκριμένο σκοπό. Φανταστείτε να εργάζεστε σε ένα κατάστημα όπου, την Τρίτη, αναιρείτε όλη τη δουλειά που κάνατε τη Δευτέρα. Εφόσον αγνοείτε τη ματαιότητα της εργασίας σας, υπάρχει μεγάλη πιθανότητα να μπορέσετε να συνεχίσετε, με ποικίλα κίνητρα, ενδεχομένως ακόμη και με στόχους όσον αφορά την παραγωγικότητα ή την ποιότητα. Από την άλλη πλευρά, τι θα γινόταν αν συνειδητοποιούσατε τον απόλυτο παραλογισμό των όσων απαιτούνται από εσάς; Θα συνεχίζατε; Για πόσο καιρό; Υπό ποιες συνθήκες; Ομοίως, αναφερθήκαμε στη στρατηγική και τη διαχείριση: μια αλλαγή σε αυτό το επίπεδο μπορεί να δημιουργήσει δυσαρέσκεια στο προσωπικό (απεργίες, αύξηση των απουσιών, μείωση της παραγωγικότητας, μείωση της ποιότητας της εργασίας, αποχώρηση των εργαζομένων που έχουν αυτή τη δυνατότητα, κ.λπ.) Όλοι όσοι διαβάζουν αυτό το κείμενο θα είναι σε θέση να σκεφτούν παραδείγματα, στο παρόν ή στο παρελθόν, τα οποία καταδεικνύουν πώς αξίες που δεν είναι πλέον κοινά αποδεκτές προκαλούν εντάσεις ή διαχωρισμούς.

Αυτό που έχει μεγαλύτερη σημασία εδώ είναι η σύνδεση μεταξύ των αξιών μιας εταιρείας (που μεταδίδονται από ένα σύνολο ατόμων) και των αξιών των εταιρειών (ή επιχειρήσεων) ως εμπορικών οργανισμών ή οργανισμών μελών. Θα μπορούσαμε να αναφερόμαστε σε εταιρείες (με μικρό "c") και σε Εταιρείες (με κεφαλαίο "C"), καθώς οι αξίες της πρώτης αποτελούν ουσιαστικά μια παραλλαγή των αξιών της δεύτερης, σε σχέση με τις οποίες πρέπει να έχουν νόημα.

ΣΥΜΠΕΡΑΣΜΑ

Δεδομένου ότι όλα τα στοιχεία του μοντέλου συνδέονται μεταξύ τους, η αλλαγή ενός από αυτά έχει άμεσο αντίκτυπο σε όλα τα υπόλοιπα. Το πλαίσιο αυτό πρέπει, επομένως, να θεωρείται πάντοτε δυναμικό. Η απεικόνισή του, με τη μορφή ατόμου, επιτρέπει στο χρήστη να εφαρμόσει το μοντέλο ξεκινώντας από οποιοδήποτε στοιχείο, ανάλογα με τις διαθέσιμες πληροφορίες και τη θέση του χρήστη, ακόμη και αν το κεντρικό στοιχείο των κοινών αξιών είναι σημαντικό.

Εν κατακλείδι, μετά την ανάλυση του πλαισίου 7S της McKinsey, είναι δυνατόν να αποκτήσουμε μια συνολική εικόνα της βάσης μιας εταιρείας ή ενός οργανισμού.

ΠΕΡΙΟΡΙΣΜΟΙ ΚΑΙ ΕΠΕΚΤΑΣΕΙΣ

ΠΕΡΙΟΡΙΣΜΟΙ ΚΑΙ ΚΡΙΤΙΚΕΣ

Σύμφωνα με το ιδρυτικό άρθρο του πλαισίου 7S της McKinsey, *Structure is not Organization* (1980), που αναφέρεται στον Βέλγο υπερρεαλιστή ζωγράφο René Magritte (1898-1967), η αναπαράσταση κάποιου πράγματος δεν είναι το ίδιο το πράγμα. Κατ' επέκταση, αυτή η σχηματική αναπαράσταση ενός οργανισμού, όσο πρακτική και καλά μελετημένη και αν είναι, δεν είναι στην πραγματικότητα ο οργανισμός. Έτσι, το πλαίσιο 7S της McKinsey δεν διαφέρει από οποιοδήποτε άλλο, η φιλοσοφική πέτρα της επιχειρηματικής επιτυχίας. Ωστόσο, καθώς ενσωματώνει υποκειμενικές πληροφορίες (που περιλαμβάνονται στις κοινές αξίες, την ομάδα, τις δεξιότητες κ.λπ.), πιστεύουμε ότι το μοντέλο αυτό μπορεί να προσαρμοστεί καλύτερα από άλλα στην ειδική περίπτωση κάθε επιχείρησης, αφού είναι σε θέση να ενσωματώσει την ειδική παράμετρο της "εταιρικής κουλτούρας". Η ανώτατη διοίκηση, η οποία υπόκειται σε προσοχή με τη δική της συνιστώσα (στυλ), μπορεί να υπερεκπροσωπείται επειδή, σε κάποιο βαθμό, θα μπορούσε επίσης να συμπεριληφθεί στο "προσωπικό".

Ακολουθώντας το σχέδιο δράσης, το οποίο τονίζει τη σημασία των ανθρώπινων σχέσεων, η οργανωτική θεωρία, στην οποία εντάσσεται το πλαίσιο 7S, είναι μόνο ένα μέρος της θεωρίας δράσης, όπως αναπτύχθηκε από κοινωνιολόγους όπως ο Max

Webster (1864-1920) στη Γερμανία, ο Talcott Parsons (1902-1979) στις ΗΠΑ ή ο Michael Crozier (1922-2013) και ο Erhard Friedberg (γεννημένος το 1942) στη Γαλλία.

 ## ΚΑΛΟ ΕΙΝΑΙ ΝΑ ΓΝΩΡΙΖΕΤΕ: ΘΕΩΡΙΑ ΔΡΑΣΗΣ

Σύμφωνα με τη θεωρία αυτή, κάθε κοινωνική κατασκευή γίνεται κατανοητή μέσω των ενεργειών των εμπλεκόμενων ατόμων. Οι σχέσεις εξουσίας διακρίνονται από τις καθαρές σχέσεις κυριαρχίας: η εξουσία ενός ατόμου είναι η ικανό-τητά του να επηρεάζει τους άλλους. Φυσικά, η ικανότητα αυτή είναι άνιση, αλλά μπορεί να δημιουργήσει περιοχές αβεβαιότητας, και επομένως δύναμη, χωρίς να παρεκκλί-νει από τους καθιερωμένους κανόνες (επομένως να παρα-μείνει εντός του συστήματος δράσης, δηλαδή μέσα στο παιχνίδι).

ΣΧΕΤΙΚΑ ΜΟΝΤΕΛΑ

Δεδομένης της επιτυχίας των σχηματικών πλαισίων, ορισμέ-νοι επαναχρησιμοποιούν τα υπάρχοντα μοντέλα για να τα προσαρμόσουν στις δικές τους επιχειρήσεις. Σε παρουσιάσεις διευθυντών, βλέπουμε τακτικά πλαίσια όπως το 7S. Στη διοί-κηση, τα διαγράμματα ροής– διαγράμματα που παρουσιά-ζουν τη δραστηριότητα ως σύνολο– και τα φύλλα διαδικασιών αποκαλύπτουν παρόμοια συλλογιστική.

Επίσης, όλο και περισσότερα μοντέλα σκοπεύουν να παίξουν και με τον ήχο, χρησιμοποιώντας αλληγορίες ή ερωτήσεις (ποιος, πότε, πώς, πόσο) προκειμένου να είναι αξιομνημόνευτα.

Κατά την άποψή μας, αυτό που έχει σημασία στο πλαίσιο 7S της McKinsey είναι η ακριβής παρουσίαση των διασυνδέσεων μεταξύ των διαφόρων εννοιών, καθώς και η εξέταση της σημασίας των ανθρώπινων σχέσεων– δεν εμποδίζει, στην πράξη, τον καθένα να το κάνει με τον δικό του τρόπο. Η αναφορά σε ένα δοκιμασμένο μοντέλο δεν σημαίνει ομοιόμορφη εφαρμογή του.

ΠΡΑΚΤΙΚΗ ΕΦΑΡΜΟΓΗ

ΣΥΜΒΟΥΛΕΣ ΚΑΙ ΚΟΡΥΦΑΙΕΣ ΣΥΜΒΟΥΛΕΣ

Συγκεκριμένα, τι σημαίνει όταν αποφασίζετε να δημιουργήσετε ή να αναμορφώσετε τα 7S μιας εταιρείας στο πλαίσιο ενός έργου;

Από πού να ξεκινήσω;

Περίπτωση 1: Έναρξη επιχείρησης

Αν αύριο δημιουργούσα μια εταιρεία, μάλλον θα ακολουθούσα μια διανοητική προσέγγιση. Σε μια "μετα-θέση", όπου είμαι ταυτόχρονα ηθοποιός και εξωτερικός παρατηρητής, θα καθόριζα τη στρατηγική μου θέτοντας πρώτα τα ακόλουθα ερωτήματα:

- Ποιο είναι το προϊόν μου;

- Ποια είναι η θέση μου σε σχέση με τους (δυνητικούς) ανταγωνιστές μου;

Θεωρητικά, στη συνέχεια θα ερχόταν πιθανότατα στο μυαλό μας η ερώτηση σχετικά με τις αξίες, και στη συνέχεια θα ακολουθούσαν τα υπόλοιπα στοιχεία του μοντέλου. Ωστόσο, στην πράξη, είναι σαφές ότι δεν έχουμε πάντα τη δυνατότητα να προχωρήσουμε με αυτόν τον τρόπο.

Περίπτωση 2: Μια υφιστάμενη επιχείρηση

Σε μια υπάρχουσα δομή, φαίνεται πιο σημαντικό να ξεκινήσουμε από τον πυρήνα του ατόμου, δηλαδή τις αξίες. Στην πραγματικότητα, αυτές είναι ουσιαστικά ο χαμηλότερος κοινός παρονομαστής των μελών της εταιρείας. Έτσι, ένας προβληματισμός σχετικά με τις κοινές αξίες θα αποσαφηνίσει, πρώτα απ' όλα, προφανώς τι είναι κοινό για τους εργαζόμενους. Φυσικά, η απάντηση στο ερώτημα των αξιών και η απόφαση για μερική τροποποίηση του περιεχομένου τους μπορεί να επηρεάσει τη στρατηγική, καθώς και όλα τα υπόλοιπα. Για παράδειγμα: πρέπει να διατηρήσουμε μια υπηρεσία που δεν είναι κερδοφόρα; Αυθόρμητα, μπορεί να μπούμε στον πειρασμό να απαντήσουμε αρνητικά. Αλλά στην περίπτωση μιας ιατρικής υπηρεσίας ή μιας υπηρεσίας μεταφορών, το ερώτημα αυτό αποκτά άλλο νόημα.

Υλοποίηση του έργου

Όσον αφορά τη δημιουργία ενός σχεδίου για την αλλαγή μιας υφιστάμενης δομής, ο διάλογος με τους εργαζομένους είναι απαραίτητη προϋπόθεση. Η αντίστροφη δράση, ένα είδος προσέγγισης "από πάνω προς τα κάτω", ισοδυναμεί με το να θέλει κανείς να κάνει καλό στους ανθρώπους παρά τους ίδιους. Τα ολοκληρωτικά καθεστώτα έχουν αποδείξει ξανά και ξανά ότι αυτό το σύστημα δεν λειτουργεί. Ακόμη και αν η επιθυμητή αλλαγή είναι σχετική, η μέθοδος που χρησιμοποιείται για την επίτευξή της μπορεί να την καταδικάσει σε αποτυχία.

Τώρα που γνωρίζουμε λίγο καλύτερα την επιχείρηση, πρέπει να κάνουμε τις σωστές ερωτήσεις για να υλοποιήσουμε το έργο μας:

- Ποια είναι τα διάφορα στάδια που εμπλέκονται;

- Ποια είναι τα οικονομικά μέσα και οι πόροι (προσωπικό και δεξιότητες) που απαιτούνται για την επίτευξη αυτού του στόχου;

- Τι το ιδιαίτερο έχει η δομή;

- Τι τη διαφοροποιεί από τους ανταγωνιστές της;

- Πώς επηρεάζει αυτούς που αλληλεπιδρούν μαζί του;

Απαντώντας σε αυτές τις ερωτήσεις, καθορίζουμε ή επαναπροσδιορίζουμε το ύφος της εταιρείας, το οποίο συνδέεται άμεσα με τις αξίες της. Η στρατηγική, με τη σειρά της, δεν μπορεί να καθοριστεί χωρίς να ληφθούν υπόψη οι αξίες, οι δεξιότητες και το περιβάλλον (ανταγωνισμός) στο οποίο θα αναπτυχθεί.

Αξιολόγηση του έργου

Για την αξιολόγηση του έργου, είναι ζωτικής σημασίας η ανάλυση του συστήματος (παρακολούθηση και διαδικασίες), προκειμένου να αποκτήσουμε μια συνολική εικόνα ολόκληρης της εταιρείας, με τις αρετές και τα ελαττώματά της.

Ο προβληματισμός σχετικά με τα κριτήρια 7S οδηγεί αναπόφευκτα στη διατήρηση ή την τροποποίηση της δομής που παρέχει το πλαίσιο για τη δράση.

Οι ερωτήσεις που τέθηκαν και οι απαντήσεις που δόθηκαν καταδεικνύουν τις διασυνδέσεις των διαφόρων εννοιών του πλαισίου 7S της McKinsey. Εάν, τελικά, διαπιστώσουμε ότι όλα τα στοιχεία λήφθηκαν υπόψη, ο ακριβής προσδιορισμός του τι εμπίπτει στο ένα ή στο άλλο στοιχείο μπορεί μερικές φορές να φαίνεται περίπλοκος. Αυτό που έχει μεγαλύτερη σημασία είναι να θυμόμαστε να μην παραμελήσουμε καμία πτυχή του μοντέλου.

ΜΕΛΕΤΗ ΠΕΡΙΠΤΩΣΗΣ

Θα εξετάσουμε τώρα την εταιρεία Χ, έναν φορέα του δημόσιου τομέα και επομένως μια δημόσια εταιρεία. Διάφορες εξωτερικές εκθέσεις επισημαίνουν σημαντικά προβλήματα διαχείρισης, με κύριους δείκτες τα εξής:

- μείωση των ρευστών διαθεσίμων,

- ανεπαρκής διαχείριση του ανθρώπινου δυναμικού, υπό την έννοια ότι ο αριθμός των εργαζομένων αυξάνεται συνεχώς επί σειρά ετών για μια αμετάβλητη υπηρεσία,

- μισθοδοσία ίση με το 50% του κύκλου εργασιών.

Η Χ, μια δημόσια εταιρεία, υπόκειται σε κάποιο έλεγχο και πρέπει να λογοδοτεί για τα θέματα της διαχείρισής της που εγείρουν ερωτήματα. Αυτό δημιουργεί εντάσεις μεταξύ της εταιρείας και της διοικητικής της εποπτείας. Ταυτόχρονα, εσωτερικά, η εταιρεία βιώνει την αλλαγή του προέδρου του Διοικητικού Συμβουλίου (ΔΣ).

Επιδιώκοντας να καθησυχάσει τη διοικητική εποπτεία και ίσως και να απαλλαγεί κάπως από αυτήν, το ΔΣ, υπό την ηγεσία του νέου προέδρου, αποφασίζει να καλέσει έναν εξωτερικό σύμβουλο για να διεξάγει μια συνολική ανάλυση της κατάστασης.

Ο σύμβουλος (που διορίστηκε από τον δημόσιο τομέα) γνωρίζει καλά το πλαίσιο 7S της McKinsey.

- Ξεκινά με μια γρήγορη αρχική ανάλυση της κατάστασης, κυρίως οικονομική: έσοδα και μεταβολές των αποτελεσμάτων κατά τα τελευταία έτη, ανάλυση των σημαντικότερων στοιχείων δαπανών, ακαθάριστη λειτουργική μάζα κ.λπ. Οι διαπιστώσεις του όχι μόνο συμπίπτουν με εκείνες της διοικητικής εποπτείας, αλλά τις ενισχύουν παρουσιάζοντας σημαντικά πιο σοβαρά αποτελέσματα.

- Αφού γίνει αυτή η πρώτη "επίσημη" παρατήρηση, καθώς η πραγματοποίηση μιας οικονομικής κυρίως έκθεσης δεν απαιτεί συγκεκριμένα την παρουσία επί τόπου, εργάζεται στην εταιρεία και πραγματοποιεί εργαστήρια με τα ανώτατα στελέχη. Αυτό δείχνει μια σειρά από νέες διαπιστώσεις, οι οποίες αναδεικνύουν τις ελλείψεις στην οργάνωση και την υλικοτεχνική υποδομή, τις εσωτερικές εντάσεις, τα θέματα ικανοτήτων κ.λπ.

- Αφού ο σύμβουλος κατανοήσει σαφώς τις αποστολές και τους στόχους της εταιρείας, η δουλειά του είναι να κάνει συγκεκριμένες συστάσεις. Οι λύσεις που προτείνονται είναι αποτέλεσμα των εργαστηρίων, οι οποίες επομένως βρίσκονται σε συμφωνία ή συνεργασία με τους υπαλλήλους της εταιρείας και θα εφαρμοστούν εν μέρει.

- Έτσι, η Χ θα αναδιοργανωθεί σε βάθος: αν και η αναπόφευκτη αποχώρηση ενός σημαντικού μέρους του προσωπικού (το ένα τρίτο των εργαζομένων) με απόλυση ή πρόωρη συνταξιοδότηση είναι κοινωνικά δυσβάσταχτη, δεν θα προκαλέσει απεργία.

Παρατηρώντας την προσέγγιση του συμβούλου, αντιλαμβανόμαστε ότι ξεκινάει τους προβληματισμούς του ξεκινώντας από τον πυρήνα του πλαισίου 7S. Αρχικά εξετάζει τις αξίες που μοιράζονται οι εργαζόμενοι κατά την εκτέλεση της εργασίας τους. Στη συνέχεια εστιάζει στο προσωπικό και στις ιδιότητες και τα ελαττώματά του. Τα προβλήματα αναλύονται υπό το πρίσμα των αποκλίσεων μεταξύ του συστήματος (όπως οι διαδικασίες) και του προσωπικού. Αυτό δείχνει, για παράδειγμα, ότι ορισμένες αποστολές δεν είναι σαφώς καθορισμένες ή εκτελούνται εν μέρει δύο φορές, ενώ πολλοί στερούνται των εργαλείων ή των δεξιοτήτων για την εκτέλεση των καθηκόντων που τους έχουν ανατεθεί.

Αποσαφηνίζοντας τις εσωτερικές διαδικασίες, ο σύμβουλος εργάζεται στο σύστημα, αλλά ταυτόχρονα και στις ικανότητες.

Έχει επίσης επίγνωση ορισμένων εντάσεων που σχετίζονται με διαφορετικές προσωπικότητες, αλλά και με εξωτερικούς πολιτικούς παράγοντες. Όπως είπαμε, ο αριθμός των εργαζομένων αυξήθηκε απότομα και γρήγορα, χωρίς αλλαγές στις παρεχόμενες υπηρεσίες. Λόγω της πολιτικοποίησης του ΔΣ (μιας δημόσιας εταιρείας), ορισμένοι εργαζόμενοι εμφανίζονται λιγότερο "νόμιμοι" από άλλους. Στη συγκεκριμένη περίπτωση, ο σύμβουλος συνεργάζεται με δύο νεοαφιχθέντα στελέχη τα οποία είναι σχετικά ανεπηρέαστα από αυτά τα ζητήματα νομιμότητας: τον οικονομικό διευθυντή και τον πρόεδρο του ΔΣ.

Παρά τη δυναμική της εργασίας και μάλιστα, σε κάποιο βαθμό, εξαιτίας της, δημιουργούνται εντάσεις και διαχωρισμοί μεταξύ ορισμένων εργαζομένων, συμπεριλαμβανομένου και του ίδιου του διευθυντή της εταιρείας. Ο διευθυντής αισθάνεται ότι έχει χάσει τη νομιμοποίησή του, καθώς ορισμένες αποφάσεις και ενέργειές του αμφισβητούνται. Εν τω μεταξύ, εμπλέκεται και ο πρόεδρος: λειτουργεί ως διασύνδεση μεταξύ των εργαζομένων και του ΔΣ και παρέχει σημαντικό έργο που οδηγεί σε αναζωογόνηση ολόκληρου του ΔΣ, με καλύτερη ενημέρωση και μεγαλύτερη συμμετοχή των μελών. Αυτές οι εντάσεις αποκαλύπτουν ότι, δουλεύοντας πάνω στο σύστημα, ο σύμβουλος έχει ταρακουνήσει τη δομή. Η εργασία "στο πεδίο" ανάγκασε τη δομή να προσαρμοστεί σε μια αναπόφευκτη και σημαντική αναδιοργάνωση.

Με επικεφαλής τα νέα στελέχη, ακολουθώντας τις συστάσεις του συμβούλου και με την υποστήριξη των περισσότερων εργαζομένων κατώτερου επιπέδου, τα στελέχη– το ΔΣ– μπορούν να επαναπροσδιορίσουν τη στρατηγική της εταιρείας. Βεβαίως, οι αποστολές καθορίζονται από ένα οργανικό πλαίσιο, αλλά ο τρόπος δράσης σε αυτό εξαρτάται από αυτούς. Στην προκειμένη περίπτωση, η στρατηγική έχει ως εξής:

* προσαρμογή της μεθόδου,

* τον καθορισμό στόχων σύμφωνα με την αποστολή της εταιρείας και τις αξίες που τη στηρίζουν. Δεδομένου ότι πρόκειται για μια δημόσια ανώνυμη εταιρεία παροχής υπηρεσιών και δεν τοποθετήθηκε στην αγορά σε σχέση με τους ιδιωτικούς φορείς, η στρατηγική πτυχή είναι πιο περιορισμένη.

Όσον αφορά το ύφος, η αλλαγή του προέδρου αποτελεί καθοριστικό παράγοντα: ένας ορισμένος δυναμισμός και μια νέα συμμετοχή εμψυχώνουν πλέον αυτό το διοικητικό όργανο. Ο διευθυντής, ο οποίος τέθηκε σε δύσκολη θέση λόγω των ελλείψεων που είχαν αναφερθεί σε διάφορες εκθέσεις, και αφού δεν συμμετείχε στο έργο του συμβούλου, απομονώθηκε. Εγκαταλελειμμένος από το διοικητικό του συμβούλιο, επέλεξε να αποχωρήσει από την εταιρεία στο πλαίσιο ενός σχεδίου πρόωρης συνταξιοδότησης και ο οικονομικός διευθυντής τον αντικατέστησε αμέσως. Κατά κάποιον τρόπο, κλείνει ο κύκλος, αφού ο οικονομικός διευθυντής και ο πρόεδρος ήταν οι δύο κύριοι άνθρωποι που ασχολήθηκαν με τον σύμβουλο.

Θυμηθείτε ότι η αναδιοργάνωση της εταιρείας Χ ολοκληρώθηκε χωρίς κοινωνικές συγκρούσεις (ιδίως χωρίς απεργίες). Σήμερα, το κοινωνικό κλίμα είναι σημαντικά καλύτερο από ό,τι στο παρελθόν. Λειτουργεί πιο αρμονικά λόγω του επαναπροσδιορισμού των καθηκόντων και των υπηρεσιών. Ωστόσο, ορισμένες λεπτομέρειες μένει να διευθετηθούν, συμπεριλαμβανομένου του γεγονότος ότι ορισμένες δεξιότητες εξακολουθούν να λείπουν εσωτερικά. Υπάρχουν διάφοροι λόγοι γι' αυτό:

- Πρώτον, το σημερινό προσωπικό είναι γενικά ανεπαρκώς καταρτισμένο.

- Δεύτερον, από κανονιστική άποψη, επειδή μια εταιρεία που πραγματοποιεί σημαντική αναδιάρθρωση δεν μπορεί να προσλάβει νέο προσωπικό κατά τα επόμενα τρία χρόνια, είναι απαραίτητο να προσδιοριστεί πόσοι εργαζόμενοι χρειάζονται για να συνεχιστεί η λειτουργία της εταιρείας και το επίπεδο των υπηρεσιών της. Η προσέγγιση αυτή περιλαμβάνει τον υπολογισμό του επιθυμητού αριθμού αποχωρήσεων προκειμένου να σχηματιστεί μια μικρή ομάδα, χωρίς απαραίτητα να διαθέτει όλες τις απαιτούμενες δεξιότητες.

Τέλος, τονίζουμε το γεγονός ότι ο σύμβουλος ξεκίνησε τον προβληματισμό του από το κέντρο του ατόμου 7S (κοινές αξίες), δηλαδή από αυτά που έχουν όλοι οι εργαζόμενοι ως κοινά. Στη συνέχεια, "ταξίδεψε" μέσα στο πλαίσιο, πράγμα απολύτως αποδεκτό. Η διασύνδεση των στοιχείων και η έλλειψη ιεραρχίας αποτελούν, κατά τη γνώμη μας, ένα από τα σημαντικότερα πλεονεκτήματα του μοντέλου.

ΠΕΡΙΛΗΨΗ

- Το πλαίσιο 7S της McKinsey είναι ένα οργανωτικό διαγνωστικό μοντέλο που χρησιμοποιείται στη διοίκηση, ιδίως κατά τη διάρκεια της υλοποίησης νέων έργων ή αλλαγών που πρόκειται να γίνουν σε μια επιχείρηση. Η επιτυχία του πηγάζει από το γεγονός ότι επιτρέπει την εξέταση ενός ενδιαφέροντος συνόλου παραμέτρων και δίνει έμφαση στη διασύνδεσή τους.

- Εμφανιζόμενο τη δεκαετία του 1980, το μοντέλο αυτό είναι αποτέλεσμα των αλλαγών στις κοινωνικές επιστήμες (δομισμός και ενίσχυση των κοινωνικών σχέσεων) και στην οικονομία (τροποποίηση των εμπορικών και επιχειρηματικών δομών που οδηγεί στην υβριδοποίηση και διεθνοποίηση των επιχειρήσεων).

- Οι θεωρητικοί του πλαισίου McKinsey 7S είναι οι Robert Waterman, Thomas Peters και Julien Philips.

- Το μοντέλο αυτό έχει το πλεονέκτημα ότι λαμβάνει υπόψη τις αλληλεπιδράσεις μεταξύ των διαφόρων πτυχών που συνθέτουν έναν οργανισμό. Επιπλέον, δίνεται έμφαση στις ανθρώπινες σχέσεις και στην ποιοτική πτυχή.

- Ωστόσο, το μοντέλο αυτό, όπως και όλα τα άλλα, εξακολουθεί να θεωρείται εργαλείο και όχι αυτοσκοπός. Επιπλέον, δεδομένης της σημασίας που δίνει στις ανθρώπινες σχέσεις, τις κοινές αξίες και τη διαχείριση, δίνει προτεραιότητα στα υποκειμενικά κριτήρια ή στα ποιοτικά δεδομένα. Ως εκ τούτου, ορισμένοι προτιμούν προσεγγίσεις που επικεντρώνονται περισσότερο σε οικονομικά και ποσοτικά δεδομένα.

ΠΕΡΑΙΤΕΡΩ ΑΝΑΓΝΩΣΗ

ΒΙΒΛΙΟΓΡΑΦΙΑ

Bajoit, G. (1992) *Pour une sociologie relationnelle.* Paris: PUF.

Bourdieu, P. (1979) *La Distinction– critique sociale du jugement.* Paris: Paris: Éditions de Minuit.

Bourdieu, P. (2002) *Questions de sociologie*. Paris: Éditions de Minuit.

Crozier, M. and Friedberg, E. (1977) *L'Acteur et le Système.* Paris: Seuil.

Desveaux, E. (2008) *Au-delà du structuralisme. Six méditations sur Claude Lévi-Strauss*. Paris: Complexe.

Lévi-Strauss, C. (2003) *Anthropologie structurale*. Παρίσι: Pocket.

Ιστοσελίδα του Tom Peters: http://tompeters.com/

Waterman, R. H., Peters, T. J. and Philips, J. R. (1980) Structure is not Organization. *Business Horizons*. 23(3), σελ. 14-26.

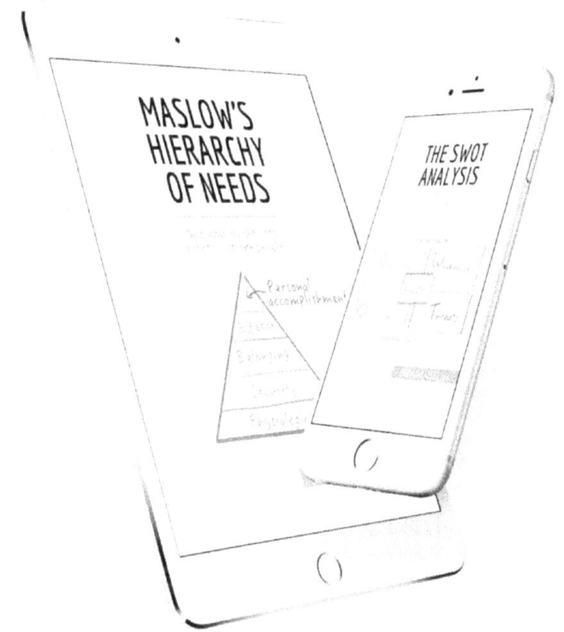

IMPROVE YOUR
GENERAL KNOWLEDGE
IN THE BLINK OF AN EYE!

www.50minutes.com

Ο εκδότης διασφαλίζει την αξιοπιστία των πληροφοριών που δημοσιεύονται, η οποία όμως δεν μπορεί να αποτελέσει ευθύνη του.

Κύριο ISBN: 9782808600248
ISBN: 9782808601696
Νόμιμη κατάθεση: D/2022/12603/170

Ψηφιακός σχεδιασμός: Primento,
ο ψηφιακός συνεργάτης των εκδοτών.